AF371423

Commentaire

Par Stéphanie Favreau

Les Deux Sources de la morale et de la religion

Les origines vitales de la moralité

Bergson

BERGSON

PHILOSOPHE FRANÇAIS À L'ORIGINE DE LA PHILOSOPHIE DE LA DURÉE

- **Né en 1859 à Paris**
- **Décédé en 1941 dans la même ville**
- **Quelques-unes de ses œuvres :**
  - *Essai sur les données immédiates de la conscience* (1889)
  - *L'Évolution créatrice* (1907)
  - *Les Deux Sources de la morale et de la religion* (1932)

La carrière philosophique d'Henri Bergson se déploie autour d'une découverte majeure, l'irréductibilité de **la durée**. Sa thèse de doctorat, publiée en 1889 sous le titre ***Essai sur les données immédiates de la conscience***, met en avant l'opposition entre un temps mathématique ou spatial, décomposable en instants, et un temps psychologique, ou plus précisément une durée intérieure indivisible et imprévisible. Cet antagonisme occupera toute l'œuvre du philosophe. La parution de ***L'Évolution créatrice***, en 1907, lui vaut un succès international et, par la suite, une chaire au Collège de France.

À la fin du XIXe siècle, alors que la science et le positivisme règnent en maitres, l'œuvre de Bergson propose une **nouvelle façon d'aborder le réel**. Grâce à une méthode philosophique inédite, la **méthode de l'intuition**, la liberté, la perception, l'évolution des espèces, la morale ou encore la religion ne sont plus abordées sous l'angle du mécanisme déterministe de la science, mais sous l'angle de la durée et de l'expérience vécue.

LES DEUX SOURCES DE LA MORALE ET DE LA RELIGION

VERS UNE APPROCHE DYNAMIQUE DE L'HUMANITÉ

Les Deux Sources de la morale et de la religion est la **dernière grande œuvre du philosophe**. Elle parait en **1932**, soit neuf ans avant sa mort. Dans cet ouvrage, il ne s'agit pas seulement d'appliquer la philosophie de la durée à un problème quelconque. C'est sur **les origines de la société et le contexte historique** que Bergson se penche, à un moment où chacun pressent le drame des années à venir. Témoin désabusé de la Première Guerre mondiale, Bergson avait déjà pu observer la capacité des hommes à s'autodétruire. Dans *Les Deux Sources de la morale et de la religion*, toutefois, il ne dresse pas le portrait d'une humanité perdue d'avance : il l'exhorte au contraire à se reprendre et lance un appel, héros à sa manière, pour lui montrer que « son avenir dépend d'elle » (p. 338).

MISE EN CONTEXTE

UNE MÉTHODE INÉDITE EN PHILOSOPHIE

Comme le remarquait amèrement Bergson lui-même, son succès fut aussi grand que le nombre d'**interprétations erronées de sa pensée**. Il y a en effet un piège à la lecture des textes bergsoniens : l'écriture, accessible, recèle en réalité **une méthode complexe**.

Comme le philosophe le montre dans *L'Évolution créatrice*, l'intelligence est un fruit de l'évolution. De la complexification croissante des espèces est né l'homme, avec son intelligence et sa conscience réflexive : contrairement aux autres espèces, l'homme est conscient de lui-même et du monde qui l'entoure. Cependant, selon Bergson, « **l'intelligence est caractérisée par une incompréhension naturelle de la vie** » (*L'Évolution créatrice*, Paris, PUF, 2003, p. 166) :

- tournée vers la conquête et la maitrise de la matière, **elle opère par découpage et fige le réel** ;
- or **la vie, elle, progresse et dure**. Elle se caractérise par une création continue d'imprévisibles nouveautés, par un mouvement indivisible et fluide dont l'intelligence ne peut pas rendre compte.

Bergson suit alors une nouvelle méthode afin de surmonter ce problème et d'avoir la vie pour objet de réflexion : **l'intuition**. Il s'agit à la fois d'un concept fondamental de la philosophie de Bergson et de celui qui a suscité le plus de malentendus. L'intuition, chez le philosophe, ne désigne pas

un sentiment vague ou une pensée confuse, mais **une méthode de connaissance qui mêle les capacités d'analyse
de l'intelligence à l'adhésion à la fluidité du réel**. Plus
précisément, l'intuition désigne la capacité intellectuelle
à saisir le mouvement indivisible de la durée de la vie, à ne
pas le figer, l'immobiliser ou le mécaniser : « Penser intui-
tivement est penser en durée. » (*La Pensée et le Mouvant*,
Paris, PUF, 1999, p. 30) À travers l'intuition, l'intelligence est
transcendée ou, pour le dire encore autrement, l'intuition
est une connaissance supra-intellectuelle. Tandis que l'intelligence permet une compréhension mécaniste du réel,
l'intuition rend possible une approche plus dynamique de
cette même réalité.

C'est armé de cette nouvelle méthode que Bergson aborde,
dans Les Deux Sources de la morale et de la religion, le
problème des origines de la société et, comme nous allons
le voir, c'est aussi grâce à elle qu'il peut proposer une vision
plus dynamique des rapports humains et de l'histoire.

LA QUESTION MORALE ET LA QUESTION RELIGIEUSE

Dans *Les Deux Sources de la morale et de la religion*, Bergson
aborde un problème qu'il n'avait pas jusque-là traité dans
son œuvre : le problème moral et religieux. Comme le titre
de l'œuvre l'indique, il s'agit d'exposer la double origine de
la morale et de la religion. Si **la question morale** concerne
le rapport des hommes entre eux, la **question religieuse**
concerne plus particulièrement le rapport des hommes à la
nature et à la mort.

Après un premier chapitre consacré à l'obligation morale, les deux suivants s'intéressent à la religion statique et à la religion dynamique, puis l'œuvre s'achève par une série de **remarques sur nos sociétés modernes**. Cette dernière partie met en perspective les analyses des trois chapitres précédents avec l'actualité et nous alerte contre **les dangers d'une industrialisation à outrance** qui mécanise les pensées et les vies et étouffe tout progrès moral. Bergson nous met en garde : non, **le progrès moral ne va pas de pair avec le progrès technique**.

Replaçant l'apparition de l'humanité dans une **perspective évolutionniste**, Bergson propose une **thèse inédite sur les origines de la morale et de la religion**. De la même façon que **l'homme** est naturellement un être réfléchi, doté d'une intelligence qui lui permet de fabriquer des outils et de maîtriser la matière, il est également **naturellement enclin à vivre en société selon une morale et à s'inventer de quoi soulager ses inquiétudes** :

- parce que l'intelligence risque d'attiser des tendances individualistes – en effet, elle ne crée aucune fraternité, n'est pas en elle-même fédératrice et ne répond pas aux inquiétudes ni n'apaise les douleurs de la finitude humaine –, la nature a donné à l'homme une tendance antagoniste qui le contraint à l'association ;
- parce qu'aucun raisonnement n'enlève l'angoisse suscitée par la mort, l'homme tend naturellement à s'inventer des dieux qui le rendront éternel.

Mais Bergson va plus loin. **Si la nature est la première source de la morale et de la religion, il en existe une**

autre qui ne se contente pas de contraindre à la vie sociale ni d'atténuer la crainte de la mort, mais qui nous fait adhérer à des valeurs universelles et espérer un accomplissement de soi à travers la liberté. **Cette seconde source jaillit de l'humanité elle-même** à travers ceux que Bergson nomme **les « héros en morale » ou les « mystiques »**.

Le texte dont il sera question ici, issu du premier chapitre, examine deux types d'éducation morale :

- **le dressage**, tendance naturelle de l'homme, est la première source de la morale. L'obligation morale est d'abord une contrainte exercée sur la volonté des individus pour les disposer à la vie en société ;
- **la mysticité**, seconde source de la morale, n'agit pas par contrainte mais insuffle au contraire un élan de générosité et d'amour de l'humanité qui transcende les frontières.

LES ORIGINES VITALES DE LA MORALITÉ

L'erreur serait de croire que pression et aspiration morales trouvent leur explication définitive dans la vie sociale considérée comme un simple fait. On se plait à dire que la société existe, que dès lors elle exerce nécessairement sur ses membres une contrainte, et que cette contrainte est l'obligation. Mais d'abord, pour que la société existe, il faut que l'individu apporte tout un ensemble de dispositions innées ; la société ne s'explique donc pas elle-même ; on doit par conséquent chercher au-dessous des acquisitions sociales, arriver à la vie, dont les sociétés humaines ne sont, comme l'espèce humaine d'ailleurs, que des manifestations. Mais ce n'est pas assez dire : il faudra creuser plus profondément encore si l'on veut comprendre, non plus seulement comment la société oblige les individus, mais encore comment l'individu peut juger la société et obtenir d'elle une transformation morale. Si la société se suffit à elle-même, elle est l'autorité suprême. Mais si elle n'est qu'une des déterminations de la vie, on conçoit que la vie, qui a dû déposer l'espèce humaine en tel ou tel point de son évolution, communique une impulsion nouvelle à des individualités privilégiées qui se seront retrempées en elle pour aider la société à aller plus loin. Il est vrai qu'il aura fallu pousser jusqu'au principe même de la vie. Tout est obscur, si l'on s'en tient à de simples manifestations, qu'on les appelle toutes ensemble sociales ou que l'on considère plus particulièrement, dans l'homme social, l'intelligence. Tout s'éclaire au contraire, si l'on va chercher, par-delà ces

manifestations, la vie elle-même. Donnons donc au mot
biologie le sens très compréhensif qu'il devrait avoir, qu'il
prendra peut-être un jour, et disons pour conclure que toute
morale, pression ou aspiration, est d'essence biologique.

BERGSON (Henri), *Les Deux Sources de la morale et de la
religion*, Paris, PUF, 2005, p. 102.

EXPLICATION ET ANALYSE DU TEXTE

Après avoir présenté les deux types d'éducation morale, **Bergson nous met en garde contre une approche superficielle ou naïve de la société**.

L'argumentaire se déploie en **trois temps** :

- dans un premier temps, il s'agit de justifier l'origine biologique de la tendance à l'association des hommes ;
- dans un deuxième temps, il faut montrer comment, malgré la primauté de la pression, l'aspiration et le progrès moral sont possibles ;
- enfin, pour justifier l'existence d'une telle dualité au sein de l'humanité, il faudra remonter à la double tendance aux origines de la vie elle-même. À travers l'expérience morale, l'homme fait également l'expérience de deux types de vie différents.

L'OBLIGATION PURE COMME CONDITION NÉCESSAIRE DE LA VIE SOCIALE

Comment la société est-elle possible ? L'homme est-il naturellement enclin à vivre en société ou bien ne le fait-il que par intérêt ?

L'illusion selon laquelle la société « va de soi »

Nous naissons tous dans une société, une culture et un contexte historique donnés. Naître dans une famille, nouer des relations avec des voisins ou des amis ne nous interpelle pas. **On considère que la vie sociale va de soi, que c'est**

un fait, une évidence. D'autres espèces vivent d'ailleurs en communauté. C'est par exemple le cas des fourmis ou des abeilles.

Mais qu'en est-il des règles qui régissent nos sociétés ? Vont-elles « de soi », elles aussi ? **On admet généralement que des règles de vie commune sont nécessaires pour que la société soit possible**. En effet, le simple bon sens nous fait reconnaître que si l'on doit vivre à côté de quelqu'un d'autre, on ne doit pas lui nuire. De même, pour que le groupe perdure, il faut également que chacun ait un minimum le sens de l'intérêt général. Cependant, d'où vient cette pression sociale qui contraint la volonté de l'individu au respect de son voisin et à l'amour de sa patrie ?

L'existence d'un « instinct » social

Il y a quelque chose, en deçà de l'intelligence, qui pose immédiatement les interdits fondamentaux rendant possible la société. Autrement dit, **l'homme apparait avec des dispositions innées pour la vie sociale**. Plus précisément, il est habité par **deux instincts naturels** :

- **celui qui lui fait obéir aux commandements** ;
- **celui qui lui fait aimer ses semblables**.

Si ces deux dispositions innées sont comparables à des instincts, c'est parce qu'elles s'imposent à la volonté de l'homme, par essence libre, et la contraignent aussi fortement que le fait l'instinct chez l'animal : l'habitude sociale exerce une pression sur la volonté de l'homme qui détermine son comportement et le rend aussi prévisible que l'instinct rend prévisible celui de l'animal. Par ailleurs, ces dispositions innées sont évidemment nécessaires : sans elles, les individus seraient davantage préoccupés par leurs intérêts personnels que par l'intérêt général. Ainsi, chacun adhère et suit naturellement les règles ou habitudes sociales du groupe au sein duquel il vit.

C'est ici que se trouve **le levier de la pression sociale et de l'« obligation pure »** : une tendance naturelle, sorte de « dressage originel », nous pousse à nous soumettre aux habitudes de notre groupe et à considérer comme marginaux ou anormaux tous ceux qui s'en écartent. Ainsi « ce qu'il y a de proprement obligatoire dans l'obligation ne vient pas de l'intelligence » (p. 95), mais d'une disposition innée. Bien sûr, ensuite, chaque société personnalise ses coutumes et y trouve des justifications rationnelles, mais les dispositions naturelles de l'homme restent le pilier fondateur qui soutient l'existence des sociétés. Toute intelligente et consciente d'elle-même que soit l'espèce humaine, s'il n'y avait pas cet instinct qu'est l'obligation pure pour la dresser à la vie en communauté, courrait à sa propre perte.

Pour conclure sur ce premier point, on peut remarquer que Bergson propose **une thèse sur les origines de la morale et de la société opposée** :

- **d'une part à celle de Jean-Jacques Rousseau** (1712-1778). À partir de l'hypothétique état de nature (état de l'homme avant qu'il ne vive en société), ce n'est pas le contrat social entre les hommes qui émerge en premier lieu, comme l'explique Rousseau, mais l'obligation pure, dont l'origine n'a rien d'intellectuel. La morale n'est pas affaire de convention, elle répond d'abord à une exigence vitale ;

- **d'autre part à celle d'Emmanuel Kant** (1724-1804). Bergson reconnait l'existence d'une loi morale ou impératif catégorique, mais, selon lui, cette loi morale n'est pas de nature rationnelle et elle ne relève pas de la liberté de l'homme, comme l'affirme Kant.

DE LA NÉCESSITÉ D'UNE MORALE OUVERTE

Les limites de l'obligation pure

Mais cela ne s'arrête pas là car, si la nature a voulu des sociétés disciplinées, « elle a aussi voulu la guerre, ou du moins elle a fait à l'homme des conditions de vie qui rendaient la guerre inévitable » (p. 293).

C'est que si l'obligation pure empêche l'égoïsme au niveau individuel et fait en sorte que l'individu aime sa patrie, elle n'empêche pas qu'une société donnée en agresse une autre. On sent ainsi rapidement les limites du concept d'obligation pure. En effet, **l'obligation pure ne règle que le rapport des individus à leur groupe, non le rapport des groupes entre eux**. Le patriotisme, entendu en son sens le plus archaïque, peut donc être l'une des origines de la guerre. Admettons par exemple qu'un groupe manque de ressources pour survivre ; il empiètera sur le territoire du groupe voisin et un conflit naitra. **Une société régie par la seule obligation pure serait donc une société close, fermée sur elle-même**. D'ailleurs, en temps de guerre, « le meurtre et le pillage, comme aussi la perfidie, la fraude et le mensonge ne deviennent pas seulement licites, ils sont méritoires » (p. 26). La nature n'étant pas un être transcendant ni un dieu créateur, elle ne pouvait prévoir toutes les failles qui surgiraient : « En donnant à l'homme la conformation morale qu'il lui fallait pour vivre en groupe, la nature a probablement fait pour l'espèce tout ce qu'elle pouvait. » (p. 97)

Par conséquent, **ce n'est pas de cette moralité close ou morale sociale que l'on doit attendre le progrès moral**. Que l'individu obéisse à un système d'habitudes ou qu'il aime ses proches, tout cela nous semble maintenant assez clair, mais comme le dit Bergson, « il faudra creuser plus profondément encore si l'on veut comprendre comment l'individu peut juger la société et obtenir d'elle une transformation morale ».

L'appel du héros

De même que la science a ses génies, ses exceptions, il existe également **des génies en morale**, des grands réformateurs que Bergson nomme **les héros ou les mystiques**, mais dans un sens restreint. En effet, le mysticisme complet, pour reprendre les termes du philosophe, ne concerne pas seulement les questions morales mais aussi les questions religieuses relatives à la finitude humaine.

Les héros repoussent les barrières de la cité : **ils enseignent une morale ouverte** qui ne prône pas seulement l'amour de la patrie, mais **inspire l'amour de l'humanité tout entière**. L'appel du héros **ne s'adresse pas au groupe mais à l'individu lui-même**, et c'est dans cette mesure qu'il a une **force d'aspiration universelle**. On a vu que l'obligation pure reposait sur un système d'habitudes impersonnelles qui contraignaient l'individu. L'appel du héros s'impose quant à lui de l'intérieur ; il touche la volonté individuelle et lui insuffle son élan, qui est un élan d'amour de l'humanité. Les devoirs que le héros enseigne ne sont pas des devoirs sociaux mais des devoirs envers l'humanité. L'ensemble des appels des héros constitue une morale ouverte qui n'invite pas à la simple survie du groupe, mais bien plutôt à la fraternité et à la paix universelle.

La morale ouverte est **l'antithèse exacte de la morale close**. Entre elles il n'y a pas seulement une différence de degré, mais également une **différence de nature**. Elles reflètent chacune l'une des deux tendances qui animent le mouvement vital en l'homme :

- la morale close caractérise la tendance conservatrice, la retombée du mouvement créateur qui tend simplement à la survie ;
- en revanche, **la morale ouverte puise sa force à la source de la vie envisagée comme puissance créatrice imprévisible et libre qui relance la marche en avant de l'humanité, le progrès moral**.

Pour conclure sur ce deuxième point et donner un exemple, on peut dire que si rares sont les hommes qui aident la société à aller plus loin, à progresser moralement, ils permettent toutefois des avancées considérables. Pensons notamment à la devise démocratique « liberté, égalité, fraternité » issue de la Révolution, qui « est d'essence évangélique et a pour moteur l'amour » (p. 300).

LE RENVERSEMENT DES THÉORIES CLASSIQUES

La nécessité d'une approche dynamique de l'humanité

« Tout est obscur, si l'on s'en tient à de simples manifestations, qu'on les appelle toutes ensemble sociales ou que l'on considère plus particulièrement, dans l'homme social, l'intelligence. » Si on ne remonte pas jusqu'aux origines de la moralité, on ne comprend ni la nature sociale de l'homme, ni les progrès moraux qu'il peut revendiquer. Il ne suffit pas de dire que les hommes vivent en société parce que cela leur est plus avantageux ou parce qu'ils y ont intérêt. D'ailleurs si l'on y regarde de près, rares sont les régimes politiques qui servent l'intérêt général. Les hommes vivent en société même lorsque c'est à leur désavantage.

Aussi, peut-on vraiment fonder la moralité sur la seule raison humaine ? La raison pourrait-elle susciter un élan d'amour ? Bien sûr, on peut entourer notre existence sociale et nos actes moraux de justifications rationnelles, mais « il y aura loin de cette adhésion de l'intelligence à une conversion de la volonté » (p. 46). Selon Bergson, **le moteur de nos actions est bien plutôt la volonté que l'intelligence**. Si l'intelligence est ce qui caractérise en propre l'espèce humaine, **ce n'est pas cette faculté qui a rendu possible la vie sociale**. Selon Bergson, la fonction principale de l'intelligence est la fabrication d'outils en vue d'une meilleure conquête de nourriture et de territoires. Et c'est pour modérer les conséquences d'une telle conquête qu'étaient nécessaires des contrepoids innés rappelant la volonté à l'ordre. Pour comprendre les deux sources de la morale, il faut donc couper court à l'anthropocentrisme intellectualiste. L'intelligence est une manifestation de la vie, mais ce n'est ni la seule ni la principale.

Vers une redéfinition de la biologie

« Tout s'éclaire au contraire si l'on va chercher, par-delà ces manifestations, la vie elle-même. » **Pour comprendre en quoi consistent le dressage par l'obligation pure de la morale close et la mysticité qui nous fait suivre le héros**, il ne faut pas seulement **se replonger dans l'histoire** de l'humanité, mais bien plutôt dans celle **de la vie elle-même**. Or, de cette immersion aux origines de la vie et de l'observation de ses multiples manifestations, on retient le fait suivant : **la double tendance de l'humanité dans le domaine moral**, c'est-à-dire sa tendance à la soumission, à l'obligation pure et au progrès, ou encore au conservatisme et à l'inventivité, **n'est pas propre à l'humanité mais à toutes les formes de vie**. Bien sûr, l'homme est le seul à pouvoir expérimenter la moralité, mais il n'est pas le seul à manifester la dualité vitale : toute forme de vie tend à la conservation de son espèce en même temps qu'elle vit et dure pour elle-même et tend à changer. La vie dans son intégralité se caractérise par une double tendance à l'association et à l'individuation ;

- **le dressage** nous contraint à l'association, **tend à la conservation** de l'espèce et a un **caractère statique** ;
- **le mysticisme** nous enjoint à **l'amour** de chaque individu en tant qu'individu et au progrès, il relance **l'effort créateur** dans le domaine moral et recrée une **dynamique humaine**.

« Donnons donc au mot biologie le sens très compréhensif qu'il devrait avoir et disons pour conclure que **toute morale, pression ou aspiration, est d'essence biologique.** » Dans la mesure où dressage et mysticité sont simplement des formes plus évoluées de la tendance originaire à l'association et à l'individuation, à l'inertie et à la création, elles peuvent tout à fait être qualifiées de tendances vitales ou biologiques. **Le biologique** ne se résume pas à la constitution cellulaire des organismes, il ne désigne pas un domaine restreint des phénomènes : il en **est l'origine absolue et universelle**. Le biologique acquiert ici un sens plus large : il caractérise tout ce qui vit, quel qu'en soit le degré d'évolution et la complexité. Dès lors, le biologique doit être le point de départ et la clé de toute compréhension de la vie. **Pour comprendre les manifestations de la vie, il ne faut pas partir des concepts intellectuels, mais se replonger dans le biologique lui-même**. Il s'agit de se baser sur les faits et non les idées, voilà le credo de la philosophie bergsonienne que ce texte illustre.

CONCLUSION

Cet extrait nous a donc permis d'avoir un aperçu d'**une méthode de pensée inédite en philosophie** qui remet l'intelligence humaine à la place qui lui revient au sein de l'évolution des espèces. Bien sûr, comme le disait Bergson dans L'Évolution créatrice, c'est seulement avec l'apparition de l'homme que la conscience peut enfin être réflexive et aucune espèce n'est aussi émancipée de la nature que l'espèce humaine, mais les hommes restent les créations d'une nature qui les précède et les déborde, et qui oriente leurs comportements sans qu'ils en aient conscience.

On a vu les limites de la morale close qui peut mener à des guerres entre les peuples et, à l'inverse, l'espoir qu'apporte la morale ouverte. Ces deux formes de morale ont leur origine dans les deux tendances de la vie que sont l'élan créateur de nouveauté et sa retombée qui enferme les peuples et les individus sur eux-mêmes. **Ainsi les deux sources de la morale sous-tendent-elles deux sens de la vie dont dépendent l'avenir ou la chute de l'espèce**.

Votre avis nous intéresse !
Laissez un commentaire sur le site de votre librairie en ligne
et partagez vos coups de cœur sur les réseaux sociaux !

POUR ALLER PLUS LOIN

- BERGSON (Henri), *Les Deux Sources de la morale et de la religion*, Paris, PUF, 2005.
- JANKÉLÉVITCH (Vladimir), *Henri Bergson*, Paris, PUF, 2008.
- VIEILLARD-BARON (Jean-Louis), *Bergson*, Paris, PUF, 2007.
- WORMS (Frédéric), *Bergson ou les deux sens de la vie*, Paris, PUF, 2004.

Rendez-vous sur lepetitphilosophe.fr et découvrez :

Plus de 1200 analyses
Claires et synthétiques
Téléchargeables en 30 secondes
À imprimer chez soi

ISBN version numérique : 978-2-8062-4562-5
ISBN version papier : 978-2-8062-4602-8
Dépôt légal : D/2017/12603/544

Conception numérique : Primento,
le partenaire numérique des éditeurs.

Made in the USA
Monee, IL
08 July 2026